AF440378

Georges RALLET de LAVERMONT

LE
CARACTÈRE PORTUGAIS
D'APRÈS L'HISTOIRE

CONFÉRENCE

REIMS

IMPRIMERIE COOPÉRATIVE (Nestor MONCE, Dir.

24, rue Pluche, 24

1903

Georges RALLET de LAVERMONT

LE
CARACTÈRE PORTUGAIS

D'APRÈS L'HISTOIRE

CONFÉRENCE

REIMS

IMPRIMERIE COOPÉRATIVE (Nestor MONCE, Dir.)

24, rue Pluche, 24

—

1903

A Son Altesse Royale

Le Prince LOUIS-PHILIPPE DE BRAGANCE

*Nouvel et modeste hommage de ma
très respectueuse admiration.*

GEORGES RALLET DE LAVERMONT,

Professeur de Rhétorique
à l'École libre Saint-Joseph de Reims.

Mars 1903.

Mesdames,
Messieurs,

Invinciblement, ces deux vers ne se présentent-ils pas à notre esprit, quand nous songeons à cette petite terre placée comme à l'avant-poste de l'Europe occidentale :

> Les Portugais
> Sont toujours gais.

Avouons-le, si la rime n'en est pas très riche, si l'expression est quelque peu triviale, le poète a pourtant exprimé une pensée très juste : les Portugais ont la physionomie franchement épanouie et leurs yeux reflètent le gai sourire de la nature.

Sans vouloir pousser trop loin la thèse de Taine, sans prétendre expliquer par l'unique influence du sol les vertus ataviques de tout un peuple, nous sommes forcés de le constater, l'étude morale d'une nation n'est possible qu'après une enquête au moins sommaire sur les conditions physiques et climatériques de sa terre nourricière.

Quand nous jetons un regard sur la péninsule ibérique, nous sommes incités à croire que des raisons purement politiques ont créé des limites artificielles, que le Portugal, frêle enfant, s'est, en dépit de la logique, violemment arraché à l'étreinte de l'Espagne, sa puissante mère.

Sans doute, dans l'organisme européen, l'Espagne et le Portugal forment un membre indivisible, une seule et même terre de même origine et de même histoire géologique, présentant un tout complet par son architecture de plateaux et de montagnes, par son réseau circulaire de rivières et de fleuves. Pourtant, il n'en reste pas moins vrai qu'au point de vue de la température, le Portugal offre des dissemblances très frappantes : point de chaleurs torrides succédant à des froids intenses, point de ces immenses plaines arides et désolées, point de ces ravins desséchés que la présence de ponts désigne comme des lits de torrents, mais presque partout une luxuriante végétation, partout des sites coquets, gracieux, qui laissent bien loin derrière eux l'Andalousie tant chantée par les poètes.

Cette verdure, cette fraîcheur proviennent des vents humides de l'Océan qui se heurtent aux montagnes et s'y déchargent de leur trop plein d'humidité, et, chose curieuse, la limite des grandes pluies coïncide presque exactement avec la frontière du Portugal.

Les fleuves du versant de l'Atlantique débitent en Espagne une faible quantité d'eau, ils grossissent sur le territoire portugais et la navigabilité se trouve sur les confins des deux pays.

Le Tage lui-même, dont « selon l'expression de Camoens, les flots pailletés d'or coulent entre deux forêts de fleurs », roule chez les Espagnols ses eaux peu abondantes à travers des rocs à pics et des monticules sablonneux.

La Providence avait donc tout disposé : les descendants du mythique Lusus étaient appelés à jouir de la liberté, à constituer un royaume autonome.

Mais cette autonomie, le vaillant peuple dut la conquérir à la pointe de l'épée, soutenu qu'il était par l'amour de l'*indépendance*.

Relevons dès maintenant ce sentiment, l'*indépendance*, qui est, d'après l'histoire, l'un des éléments essentiels du caractère portugais.

L'enfantement de l'indépendance fut l'œuvre commune de deux généreux facteurs : le *peuple* et le *roi*.

Fait unique, croyons-nous, dans les fastes des nations, le peuple voulut, avant la bataille, déférer la royauté à son chef qui ne portait que le modeste titre de comte : la victoire ratifia ce choix, et Ourique fut le berceau de la royauté et de la nationalité portugaises.

La Castille s'émeut et son redoutable monarque sont offusqués par le radieux éclat de cette jeune gloire, mais contre l'ennemi héréditaire le peuple put compter sur son roi comme le roi put compter sur son peuple.

Dès 1143, alors qu'en Europe les rapports entre les gouvernants et les sujets sont mal définis, alors que la force brutale est trop souvent la suprême raison des puissants, alors qu'en France nos rois favorisent le mouvement naissant des communes, nous assistons en Lusitunie à une scène vraiment épique : « Voulez-vous, dit un héraut aux Cortès, voulez-vous que le seigneur roi paie un tribut au roi de Castille ou à quelque autre ? »

A ces mots, les Cortès se lèvent et, tirant leurs épées : « Nous sommes libres, nous sommes indépendants, notre roi est libre. S'il en est parmi nous qui consente à la servitude, qu'il meure. »

Alors, le roi Alphonse, la couronne sur la tête et le glaive à la main, dit à l'assemblée : « Vous savez les combats que j'ai livrés pour votre liberté, quiconque consent à l'esclavage mourra, et si c'était mon fils ou mon petit-fils, qu'il soit renversé du trône. » Et tous de répondre : « C'est bien dit. »

Quoi de plus libre qu'un tel langage où le roi parlait comme un chef, jamais comme un maître, lui qui, dans la constitution, fit insérer cet article : « Nous ne voulons pas que nos peuples obéissent à un prince non portugais lorsqu'eux seuls, par leur valeur et au prix de leur sang, nous ont fait roi. »

Le Portugal eut cette bonne fortune qu'à l'origine et pendant plusieurs siècles, il fut gouverné par des souverains d'une haute intelligence, d'une audace réfléchie, tous conquérants et colonisateurs.

Tout en élargissant les frontières du royaume, les rois se dévouent, corps et âme, à fixer la nationalité portugaise et à inspirer à ce peuple le culte farouche de l'indépendance.

Les rois succèdent aux rois, les siècles succèdent aux siècles, et partout l'histoire nous offre le spectacle consolant d'un peuple fidèle à ses traditions.

Et pourtant, un nuage vint obscurcir ce ciel ensoleillé : la patrie portugaise, elle aussi, eut sa captivité de Babylone, elle aussi, comme les fils d'Israël sur les rives d'un fleuve étranger, gémit dans les fers d'un insolent vainqueur ; sans doute, elle ne connut pas les affres de l'exil, mais elle dut courber l'échine.

L'Espagnol veillait, il portait toujours au cœur une plaie saignante : le Portugal était libre !

L'héritier de Charles-Quint, Philippe II, mit le siège devant Lisbonne. La ville prise et pillée, il jura solennellement de respecter tous les privilèges et de n'être pour les Portugais que le roi de Portugal.

Fallacieux serment, tous les patriotes sont mis à mort le pays dut boire la coupe jusqu'à la lie, il vit ses plus riches colonies tomber entre les mains des Hollandais et des Anglais, il paie des impôts énormes, follement gaspillés par l'Espagnol, et les malheureux habitants en son réduits à se nourrir de pain et de fruits.

Est-ce là ce peuple si épris de liberté ? Est-il exploitable à merci tel que de vils esclaves ? Non, non, le Portugal es vaincu, grugé, mais non dompté et le généreux levain de l'indépendance fermentait en son âme frémissante d'indignation.

Le peuple se ressouvient de ses rois, il se rue aux armes après s'être placé sous les ordres de son protecteur, Jean de Bragance.

L'Espagnol fut honteusement chassé, mais le souvenir de son rude joug est toujours présent à la mémoire des Portugais.

Suivant une pieuse tradition que nous sommes heureux de relater ici, Dieu même donna une miraculeuse adhésion à la délivrance du Portugal :

« L'archevêque de Lisbonne traversait la ville et bénissait la population agenouillée sur ses pas : soudain, le Christ attaché à la croix que l'on portait devant lui étendit lentement le bras droit pour bénir les Portugais émancipés. »

Quelle grandiose spontanéité dans les applaudissements de la multitude quand Jean, duc de Bragance, fut couronné roi !

On se plaisait à revoir le roi portugais entouré de toutes les familles auxquelles le pays devait sa gloire ou sa liberté, s'appuyant sur le peuple et jurant de verser son sang pour l'indépendance reconquise.

Heureuse nation qui, depuis 1640, a su concilier la passion de la liberté avec son culte affectueux pour la dynastie de Bragance !

L'étude psychologique des Portugais d'après leurs annales ne laisse pas que de nous interdire toute incursion dans le domaine de l'actualité, cependant, vous nous feriez grise mine si nous ne saluions pas respectueusement Sa Majesté le Roi Très Fidèle, notre hôte d'hier, et son Auguste Épouse.

A vrai dire, les Parisiens, un brin sceptiques, gâté
qu'ils sont par les visites royales ou princières, ont ét
vite conquis par les allures si ouvertes, par la physio
nomie si franche et si loyale de ce monarque tout moderne
On raconte volontiers que les affaires de l'État, sa constant
préoccupation, lui laissent pourtant des loisirs pour songe
à celles des pauvres et qu'il adore sa Femme et se
Enfants.

Sa Majesté la Reine Amélie est une Française, elle es
la sœur du chef de la maison de France ; la fée qui a pré
sidé à sa naissance lui à départi les qualités héréditaire
dans la famille d'Orléans ; aussi, la souveraine a-t-elle fai
la conquête complète de sa patrie d'adoption.

Permettez-nous, du reste, de vous citer le dernier juge
ment que nous avons pu recueillir d'un de nos concitoyen:
peu suspect d'adulation pour les têtes couronnées :

« Charmante, je l'ai dit, mais reine des pieds à la tête
elle a la grâce de l'Andalouse et de la Parisienne, ave
l'allure qu'on aime à trouver chez les princesses, avec l
simplicité que possèdent seules les femmes aimables e
intelligentes. Vraiment, c'est un plaisir pour un Françai
que d'entendre à Lisbonne l'écho unanime du peuple por
tugais pour sa reine. »

Combien donc est vrai ce mot de feu le duc d'Aumale
sa nièce : « Tu sais joliment bien ton métier de reine.

Mais la passion de l'*indépendance*, le féal *dévouement*
la dynastie, la *haine de l'Espagnol* ne sont pas les seule
marques distinctives du caractère portugais, nous en trou
vons d'autres non moins importantes.

Là encore, nous reprenons notre guide, l'histoire.

Ne devons-nous pas admirer d'abord la somme prodi
gieuse d'*énergie* qu'il a fallu pour conquérir ce sol tan

convoité? Les Lusitaniens ne se taillèrent-ils pas à coups d'épée un royaume toujours trop petit au gré de leurs louables aspirations?

Aucun peuple ne fut plus tenace dans l'exécution de ses destinées, aucun peuple ne peut se vanter, comme lui, d'avoir rougi de son sang la glèbe qu'il cultive. L'ennemi, et quel ennemi! le Maure orgueilleux ou l'arrogant Castillan, est refoulé pas à pas; sans trêve ni pitié, il est harcelé, traqué par une poignée de héros. A Ourique, 40,000 Portugais écrasent 300,000 sectateurs du Prophète; à Aljubarotta, les 11,000 soldats de Jean Ier mettent en fuite 30,000 Castillans

C'en est fait : les Portugais ont étendu leur domaine sur le continent, mais ils se trouvent trop à l'étroit et leur *courage* chevaleresque, qui n'a d'égal que leur *enthousiasme des grandes choses*, va-t-il se refroidir?

Détrompez-vous, l'Océan est là qui sollicite leur audace avec ses impénétrables mystères : à l'Océan, ils vont arracher ses secrets.

« Non content de ses gloires passées, dit Camoens, ce peuple défie sur un faible assemblage de planches l'incertain océan. Il possède déjà les parties du monde que le soleil éclaire de sa lumière et maintenant il aspire à posséder les lieux, berceau du jour. »

Ils enlèvent aux Maures Ceuta qui devient le premier anneau de la longue chaîne que les marins portugais tendirent autour de la côte d'Afrique et dont le dernier, scellé d'or, se rattachait au paradis de l'Inde.

Voilà que ces audacieux navigateurs vont faire la gloire et la fortune de leur patrie, ils vont conquérir la clef de la mer qui est la clef du monde, ils vont bien mériter du genre humain tout entier.

Services inoubliables que les siècles n'ont pu ravir au

souvenir des mortels ! N'avons-nous donc pas le droit
d'appliquer aux Portugais ces mots du plus patriote des
historiens latins : *accomplir des actions d'éclat et tout
souffrir est le propre du caractère portugais.*

Vasco de Gama part avec une escadrille, « toujours les
vagues donnaient l'assaut aux navires, et les matelots, la
mort dans l'âme, voulaient rebrousser chemin. — Celui
qui parle de revenir en arrière, je le jette à la mer,
clama-t-il un jour où la tempête s'était déchaînée,
rageuse; de deux choses, l'une, ou je rentrerai après avoir
accompli ma mission, ou mon corps restera au fond des
ondes, enveloppé du pavillon royal comme d'un glorieux
linceul ».

Et le hardi capitaine va, va toujours, il achève le périple
de l'Afrique et il arrive, enfin, aux Indes.

Cabral découvre le Brésil, le continent américain que
nul Européen n'avait encore touché.

Albuquerque, le Mars lusitanien, prend Goa et Malacca;
les Hindous, ses vaincus, ne peuvent croire qu'un si grand
conquérant soit, comme les autres, tributaire de la mort.
« Non, disaient-ils, il n'a pas quitté la vie, il est allé com-
mander les armées du ciel.

Qu'avons-nous besoin de multiplier les exemples?
Ceux que nous venons de citer ne sont-ils pas assez
probants pour éclairer votre religion?

Goût de l'indépendance, fidélité au roi, haine de
l'Espagne, audace chevaleresque, enthousiasme des
grandes choses, tels sont les éléments que l'histoire nous
a fournis pour constituer le moral du peuple portugais.

Nous serions incomplets si, dans cette splendide
couronne, nous ne sertissions pas encore une gemme
éblouissante, la *fierté*.

Un peuple qui ne prise pas les prouesses de ses

ïeux, qui ne revit pas les jours glorieux de ses ancêtres est un peuple avachi, un peuple détruit.

Allez en Portugal ; vous verrez avec quelle ardeur sont célébrées les fêtes nationales.

Il y a quelques années, les flottes du monde civilisé étaient conviées à de magnifiques réjouissances en l'honneur du centenaire de Vasco de Gama. Lisbonne connut encore sa gloire d'antan et la nation entière exultait encore de cette légitime fierté qui a dicté à Camoens les pages immortelles de ses *Lusiades* : « Muses du Tage, donnez-moi la fureur poétique pour emboucher la trompette guerrière, éveiller la *fierté*..... »

Napoléon apprit à ses dépens combien il était dangereux de heurter ce sentiment national.

A la députation conduite à Bayonne par M. de Lima, il posa cette brusque question : « Je ne sais ce que je ferai de vous. Êtes-vous dans le cas de faire un peuple ? Avez-vous le volume nécessaire pour cela ?

Il était difficile de s'exprimer d'une manière plus maladroite vis-à-vis d'un peuple fier. Il poursuit plus malheureusement encore : « Quelle est la population du Portugal, deux millions, n'est-ce pas ? »

— Sire, plus de trois, répondit le député. — Ah ! je ne le savais pas. Et celle de Lisbonne, cent cinquante mille âmes ?

— Sire, plus de trois cent mille. — Ah ! je ne le savais pas. Mais enfin, que voulez-vous, vous autres Portugais, voulez-vous être des Espagnols ? »

A ce coup, M. de Lima ne put se contenir, et grandissant de dix pieds, suivant l'expression même d'un témoin oculaire, il mit la main sur la garde de son épée et s'écria d'une voix indignée : « Non ! »

Cette voix d'un homme, c'était la voix de la patrie

outragée, se cabrant sous l'insulte de l'homme q[ui]
prétendait jouer avec les nationalités selon les capric[es]
de son aventureux génie.

Trois fois la France entreprit de soumettre le Portuga[l],
trois fois elle échoua, en dépit de l'incontestable supé[-]
riorité de ses soldats et en dépit de la vaillan[ce]
éprouvée de ses généraux.

Les Junot, les Soult ne purent triompher, ils s[e]
brisèrent contre cette muraille de granit qui re[nd]
invincibles les individus comme les peuples : la fiert[é.]

Cette fierté même, au dire de quelques mauvais[es]
langues, n'irait pas sans quelques travers.

Le Portugais serait très friand de tout signe extérie[ur]
capable d'attirer l'attention du public ; il fleurirait s[es]
boutonnières des plus invraisemblables rosettes ; [la]
plupart des promeneurs qui déambulent par les ru[es]
de Lisbonne, la cravache à la main et les talons richeme[nt]
éperonnés, n'auraient jamais mis le pied dans un étrie[r.]

Et quand cela serait vrai, siérait-il à un França[is]
de jeter, pour employer une expression populaire, [la]
pierre dans le jardin du voisin ? Comme si nos conc[i-]
toyens se refusaient à brûler l'encens sur l'autel d[e]
la gloriole humaine.

Nous en sommes arrivés au terme de cette rapid[e]
étude et nous ne saurions mieux la conclure qu'e[n]
exaltant les peuples d'origine latine.

Aux autres, aux peuples du Nord, le génie d[es]
affaires, l'esprit mercantile ; à nous, le culte désintéress[é]
de l'honneur, de l'indépendance et de la justice ?

Imprimerie coopérative de Reims (N. Monce, dir.), rue Pluche, 24. (99286)

329

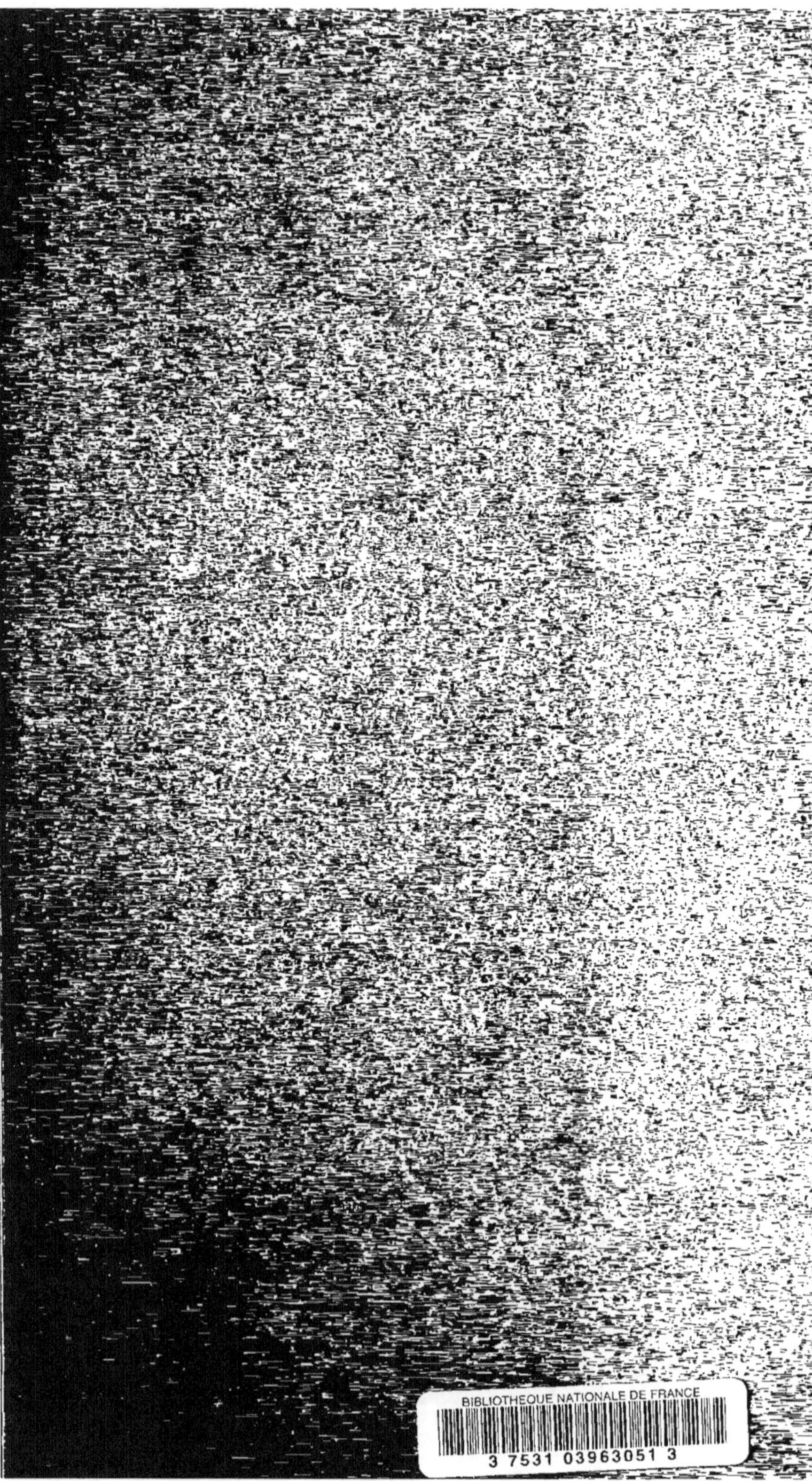